华夏
万卷®　**华夏万卷字帖**

全｜新｜注｜音｜朗｜读｜版

小学必背古诗词

75+80 首

华夏万卷 编

教材规范字 周培纳 书　**正楷**

班级：＿＿＿＿＿＿　姓 名：＿＿＿＿＿＿

上海交通大学出版社
SHANGHAI JIAO TONG UNIVERSITY PRESS

编写说明

近年来，随着国家对传统文化的重视，全民学习传统文化的热情高涨，《中国诗词大会》《中国汉字听写大会》等节目持续热播，同时，古诗文在最新统编语文教材中的篇目大幅增加。古诗文作为中国传统文化的精髓，不仅文辞优美、音韵和谐，而且内涵深刻。小学生正处于可塑性极强的阶段，多背诵和书写经典的古诗文，有助于其受到更好的艺术感染，促进智力发展。

本书收录《义务教育语文课程标准》中涵盖的小学阶段要求背诵的 75 首以及《小学语文教学大纲》中的 80 首古诗词，此外还补充了最新统编小学语文教材的部分篇目，全方位、多角度满足小学生学习古诗词的需要。

规范新高度·易学更适用

⑤ 凉州词
〔唐〕王 翰

②

pú 葡	táo 萄	měi 美	jiǔ 酒	yè 夜	guāng 光	bēi 杯，	yù 欲	yǐn 饮	pí 琵
pá 琶	mǎ 马	shàng 上	cuī 催。	zuì 醉	wò 卧	shā 沙	chǎng 场	jūn 君	mò 莫	xiào 笑，	gǔ 古
lái 来	zhēng 征	zhàn 战	jǐ 几	rén 人	huí 回？

① ③

④ 难字练习　闻　　葡　　醉

① 规范字体

本套字帖范字高度规范，集美观、易学于一体，更适合小学生练习。

② 扫码跟读

每首诗词配有标准普通话朗读音频，扫二维码即可收听到优美的古诗词朗读。

③ 无障碍阅读

每首诗词标注拼音，帮助学生无障碍阅读、书写。

④ 难字练习

每页设置练习栏目，帮助学生进一步掌握生难字。

⑤ 作者信息

设置作者信息栏，帮助学生多角度诵记古诗词。

华夏万卷提醒您
扫码了解更多详情

小学必背古诗词 正楷 75+80首

目录

扫码聆听朗读

全|新|注|音|朗|读|版

浣溪沙
〔宋〕苏 轼

		shān	xià	lán	yá	duǎn	jìn	xī	sōng	jiān	shā
		山	下	兰	芽	短	浸	溪，	松	间	沙
lù	jìng	wú	ní	xiāo	xiāo	mù	yǔ	zǐ	guī	tí	
路	净	无	泥。	萧	萧	暮	雨	子	规	啼。	
		shuí	dào	rén	shēng	wú	zài	shào	mén	qián	liú	shuǐ
		谁	道	人	生	无	再	少？	门	前	流	水
shàng	néng	xī	xiū	jiāng	bái	fà	chàng	huáng	jī		
尚	能	西！	休	将	白	发	唱	黄	鸡。		

卜算子·送鲍浩然之浙东
〔宋〕王 观

		shuǐ	shì	yǎn	bō	héng	shān	shì	méi	fēng	jù
		水	是	眼	波	横，	山	是	眉	峰	聚。
yù	wèn	xíng	rén	qù	nǎ	biān	méi	yǎn	yíng	yíng	chù
欲	问	行	人	去	那	边？	眉	眼	盈	盈	处。
		cái	shǐ	sòng	chūn	guī	yòu	sòng	jūn	guī	qù
		才	始	送	春	归，	又	送	君	归	去。
ruò	dào	jiāng	nán	gǎn	shàng	chūn	qiān	wàn	hé	chūn	zhù
若	到	江	南	赶	上	春，	千	万	和	春	住。

难字练习

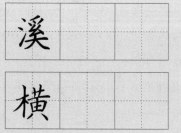
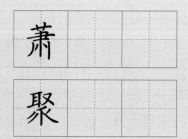
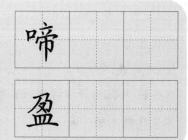

新大纲 80 首

(与"新课标75首"重合的见前面带 * 篇目)

小学必背古诗词补充

🔊 清平乐·村居
〔宋〕辛弃疾

		máo 茅	yán 檐	dī 低	xiǎo 小,	xī 溪	shàng 上	qīng 青	qīng 青	cǎo 草。	zuì 醉
lǐ 里	wú 吴	yīn 音	xiāng 相	mèi 媚	hǎo 好,	bái 白	fà 发	shuí 谁	jiā 家	wēng 翁	ǎo 媪?
		dà 大	ér 儿	chú 锄	dòu 豆	xī 溪	dōng 东,	zhōng 中	ér 儿	zhèng 正	zhī 织
jī 鸡	lóng 笼。	zuì 最	xǐ 喜	xiǎo 小	ér 儿	wú 亡	lài 赖,	xī 溪	tóu 头	wò 卧	bō 剥
lián 莲	péng 蓬。										

🔊 西江月·夜行黄沙道中
〔宋〕辛弃疾

		míng 明	yuè 月	bié 别	zhī 枝	jīng 惊	què 鹊,	qīng 清	fēng 风	bàn 半	yè 夜
míng 鸣	chán 蝉。	dào 稻	huā 花	xiāng 香	lǐ 里	shuō 说	fēng 丰	nián 年,	tīng 听	qǔ 取	wā 蛙
shēng 声	yí 一	piàn 片。			qī 七	bā 八	gè 个	xīng 星	tiān 天	wài 外,	liǎng 两
sān 三	diǎn 点	yǔ 雨	shān 山	qián 前。	jiù 旧	shí 时	máo 茅	diàn 店	shè 社	lín 林	biān 边,
lù 路	zhuǎn 转	xī 溪	qiáo 桥	hū 忽	xiàn 见。						

🔊 江　南

汉乐府

		jiāng	nán	kě	cǎi	lián	lián	yè	hé	tián	tián	
		江	南	可	采	莲，	莲	叶	何	田	田	。
		yú	xì	lián	yè	jiān	yú	xì	lián	yè	dōng	
		鱼	戏	莲	叶	间，	鱼	戏	莲	叶	东，	
		yú	xì	lián	yè	xī	yú	xì	lián	yè	nán	
		鱼	戏	莲	叶	西，	鱼	戏	莲	叶	南，	
		yú	xì	lián	yè	běi						
		鱼	戏	莲	叶	北	。					

🔊 长歌行

汉乐府

		qīng	qīng	yuán	zhōng	kuí	zhāo	lù	dài	rì	xī	
		青	青	园	中	葵，	朝	露	待	日	晞	。
		yáng	chūn	bù	dé	zé	wàn	wù	shēng	guāng	huī	
		阳	春	布	德	泽，	万	物	生	光	辉	。
		cháng	kǒng	qiū	jié	zhì	kūn	huáng	huā	yè	shuāi	
		常	恐	秋	节	至，	焜	黄	华	叶	衰	。
		bǎi	chuān	dōng	dào	hǎi	hé	shí	fù	xī	guī	
		百	川	东	到	海，	何	时	复	西	归	？
		shào	zhuàng	bù	nǔ	lì	lǎo	dà	tú	shāng	bēi	
		少	壮	不	努	力，	老	大	徒	伤	悲	！

难字 练习	莲			葵			德		

长相思

〔清〕纳兰性德

			shān	yì	chéng	shuǐ	yì	chéng	shēn	xiàng	yú	guān
			山	一	程，	水	一	程，	身	向	榆	关
nà	pàn	xíng	yè	shēn	qiān	zhàng	dēng			fēng	yì
那	畔	行，	夜	深	千	帐	灯。			风	一
gēng	xuě	yì	gēng	guō	suì	xiāng	xīn	mèng	bù	chéng	gù
更，	雪	一	更，	聒	碎	乡	心	梦	不	成，	故
yuán	wú	cǐ	shēng								
园	无	此	声。								

清平乐·春归何处

〔宋〕黄庭坚

			chūn	guī	hé	chù	jì	mò	wú	xíng	lù	ruò
			春	归	何	处？	寂	寞	无	行	路。	若
yǒu	rén	zhī	chūn	qù	chù	huàn	qǔ	guī	lái	tóng	zhù
有	人	知	春	去	处，	唤	取	归	来	同	住。
		chūn	wú	zōng	jì	shuí	zhī	chú	fēi	wèn	qǔ
		春	无	踪	迹	谁	知？	除	非	问	取
huáng	lí	bǎi	zhuàn	wú	rén	néng	jiě	yīn	fēng	fēi	guò
黄	鹂	百	啭。	无	人	能	解，	因	风	飞	过
qiáng	wēi										
蔷	薇。										

难字练习	榆				畔			聒		

敕勒歌

北朝民歌

chì	lè	chuān	yīn	shān	xià	tiān
敕	勒	川，	阴	山	下，	天
sì	qióng	lú	lǒng	gài	sì	yě
似	穹	庐，	笼	盖	四	野。
tiān	cāng	cāng	yě	máng	máng	fēng
天	苍	苍，	野	茫	茫，	风
chuī	cǎo	dī	xiàn	niú	yáng	
吹	草	低	见	牛	羊。	

咏 鹅

〔唐〕骆宾王

é		é		é
鹅，		鹅，		鹅，
qū	xiàng	xiàng	tiān	gē
曲	项	向	天	歌。
bái	máo	fú	lǜ	shuǐ
白	毛	浮	绿	水，
hóng	zhǎng	bō	qīng	bō
红	掌	拨	清	波。

风

〔唐〕李峤

jiě	luò	sān	qiū	yè
解	落	三	秋	叶，
néng	kāi	èr	yuè	huā
能	开	二	月	花。
guò	jiāng	qiān	chǐ	làng
过	江	千	尺	浪，
rù	zhú	wàn	gān	xié
入	竹	万	竿	斜。

咏 柳

〔唐〕贺知章

bì	yù	zhuāng	chéng	yí	shù	gāo
碧	玉	妆	成	一	树	高，
wàn	tiáo	chuí	xià	lǜ	sī	tāo
万	条	垂	下	绿	丝	绦。
bù	zhī	xì	yè	shuí	cái	chū
不	知	细	叶	谁	裁	出，
èr	yuè	chūn	fēng	sì	jiǎn	dāo
二	月	春	风	似	剪	刀。

易错对比

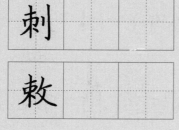

刺　　　拨　　　裁

敕　　　拔　　　栽

十五夜望月
〔唐〕王　建

		zhōng	tíng	dì	bái	shù	qī	yā	lěng	lù	wú
		中	庭	地	白	树	栖	鸦，	冷	露	无
shēng	shī	guì	huā	jīn	yè	yuè	míng	rén	jìn	wàng	bù
声	湿	桂	花。	今	夜	月	明	人	尽	望，	不
zhī	qiū	sī	luò	shuí	jiā						
知	秋	思	落	谁	家。						

采　薇（节选）
《诗经·小雅》

	xī	wǒ	wǎng	yǐ	yáng	liǔ	yī	yī	
	昔	我	往	矣，	杨	柳	依	依。	
	jīn	wǒ	lái	sī	yù	xuě	fēi	fēi	
	今	我	来	思，	雨	雪	霏	霏。	
	xíng	dào	chí	chí	zài	kě	zài	jī	
	行	道	迟	迟，	载	渴	载	饥。	
	wǒ	xīn	shāng	bēi	mò	zhī	wǒ	āi	
	我	心	伤	悲，	莫	知	我	哀！	

蝉
〔唐〕虞世南

	chuí	ruí	yǐn	qīng	lù	liú	xiǎng	chū	shū	tóng
	垂	矮	饮	清	露，	流	响	出	疏	桐。
	jū	gāo	shēng	zì	yuǎn	fēi	shì	jiè	qiū	fēng
	居	高	声	自	远，	非	是	藉	秋	风。

回乡偶书

〔唐〕贺知章

		shào	xiǎo	lí	jiā	lǎo	dà	huí	xiāng	yīn	wú
		少	小	离	家	老	大	回，	乡	音	无
gǎi	bìn	máo	shuāi	ér	tóng	xiāng	jiàn	bù	xiāng	shí	xiào
改	鬓	毛	衰。	儿	童	相	见	不	相	识，	笑
wèn	kè	cóng	hé	chù	lái						
问	客	从	何	处	来。						

凉州词

〔唐〕王之涣

		huáng	hé	yuǎn	shàng	bái	yún	jiān	yí	piàn	gū
		黄	河	远	上	白	云	间，	一	片	孤
chéng	wàn	rèn	shān	qiāng	dí	hé	xū	yuàn	yáng	liǔ	chūn
城	万	仞	山。	羌	笛	何	须	怨	杨	柳，	春
fēng	bú	dù	yù	mén	guān						
风	不	度	玉	门	关。						

登鹳雀楼

〔唐〕王之涣

		bái	rì	yī	shān	jìn	huáng	hé	rù	hǎi	liú
		白	日	依	山	尽，	黄	河	入	海	流。
		yù	qióng	qiān	lǐ	mù	gèng	shàng	yì	céng	lóu
		欲	穷	千	里	目，	更	上	一	层	楼。

难字练习　鬓　　　童　　　孤

稚子弄冰

〔宋〕杨万里

		zhì	zǐ	jīn	pén	tuō	xiǎo	bīng	cǎi	sī	chuān
		稚	子	金	盆	脱	晓	冰，	彩	丝	穿
		qǔ	dàng	yín	zhēng	qiāo	chéng	yù	qìng	chuān	lín	xiǎng	hū
		取	当	银	钲。	敲	成	玉	磬	穿	林	响，	忽
		zuò	bō	lí	suì	dì	shēng
		作	玻	璃	碎	地	声。

村 晚

〔宋〕雷 震

		cǎo	mǎn	chí	táng	shuǐ	mǎn	bēi	shān	xián	luò
		草	满	池	塘	水	满	陂，	山	衔	落
		rì	jìn	hán	yī	mù	tóng	guī	qù	héng	niú	bèi	duǎn
		日	浸	寒	漪。	牧	童	归	去	横	牛	背，	短
		dí	wú	qiāng	xìn	kǒu	chuī
		笛	无	腔	信	口	吹。

寒 菊

〔宋〕郑思肖

		huā	kāi	bú	bìng	bǎi	huā	cóng	dú	lì	shū
		花	开	不	并	百	花	丛，	独	立	疏
		lí	qù	wèi	qióng	nìng	kě	zhī	tóu	bào	xiāng	sǐ	hé
		篱	趣	未	穷。	宁	可	枝	头	抱	香	死，	何
		céng	chuī	luò	běi	fēng	zhōng
		曾	吹	落	北	风	中。

春 晓

〔唐〕孟浩然

	chūn	mián	bù	jué	xiǎo	chù	chù	wén	tí	niǎo
	春	眠	不	觉	晓，	处	处	闻	啼	鸟。
	yè	lái	fēng	yǔ	shēng	huā	luò	zhī	duō	shǎo
	夜	来	风	雨	声，	花	落	知	多	少。

凉州词

〔唐〕王 翰

		pú	táo	měi	jiǔ	yè	guāng	bēi	yù	yǐn	pí
		葡	萄	美	酒	夜	光	杯，	欲	饮	琵
pá	mǎ	shàng	cuī	zuì	wò	shā	chǎng	jūn	mò	xiào	gǔ
琶	马	上	催。	醉	卧	沙	场	君	莫	笑，	古
lái	zhēng	zhàn	jǐ	rén	huí						
来	征	战	几	人	回？						

出 塞

〔唐〕王昌龄

		qín	shí	míng	yuè	hàn	shí	guān	wàn	lǐ	cháng
		秦	时	明	月	汉	时	关，	万	里	长
zhēng	rén	wèi	huán	dàn	shǐ	lóng	chéng	fēi	jiàng	zài	bú
征	人	未	还。	但	使	龙	城	飞	将	在，	不
jiào	hú	mǎ	dù	yīn	shān						
教	胡	马	度	阴	山。						

难字练习	闻				葡				醉			

🔊 马 诗

〔唐〕李 贺

	dà	mò	shā	rú	xuě	yān	shān	yuè	sì	gōu
	大	漠	沙	如	雪 ，	燕	山	月	似	钩 。
	hé	dāng	jīn	luò	nǎo	kuài	zǒu	tà	qīng	qiū
	何	当	金	络	脑 ，	快	走	踏	清	秋 。

🔊 江畔独步寻花

〔唐〕杜 甫

		huáng	sì	niáng	jiā	huā	mǎn	xī	qiān	duǒ	wàn
		黄	四	娘	家	花	满	蹊 ，	千	朵	万
	duǒ	yā	zhī	dī	liú	lián	xì	dié	shí	shí	wǔ	zì
	朵	压	枝	低 。	留	连	戏	蝶	时	时	舞 ，	自
	zài	jiāo	yīng	qià	qià	tí
	在	娇	莺	恰	恰	啼 。

🔊 宿新市徐公店

〔宋〕杨万里

		lí	luò	shū	shū	yí	jìng	shēn	shù	tóu	xīn
		篱	落	疏	疏	一	径	深 ，	树	头	新
	lǜ	wèi	chéng	yīn	ér	tóng	jí	zǒu	zhuī	huáng	dié	fēi
	绿	未	成	阴 。	儿	童	急	走	追	黄	蝶 ，	飞
	rù	cài	huā	wú	chù	xún
	入	菜	花	无	处	寻 。

难字 练习	络			莺		篱	

芙蓉楼送辛渐

〔唐〕王昌龄

			hán	yǔ	lián	jiāng	yè	rù	wú	píng	míng	sòng
			寒	雨	连	江	夜	入	吴,	平	明	送
kè	chǔ	shān	gū	luò	yáng	qīn	yǒu	rú	xiāng	wèn	yí	
客	楚	山	孤	洛	阳。	亲	友	如	相	问,	一	
piàn	bīng	xīn	zài	yù	hú							
片	冰	心	在	玉	壶。							

鹿 柴

〔唐〕王 维

	kōng	shān	bú	jiàn	rén	dàn	wén	rén	yǔ	xiǎng
	空	山	不	见	人,	但	闻	人	语	响。
	fǎn	jǐng	rù	shēn	lín	fù	zhào	qīng	tái	shàng
	返	景	入	深	林,	复	照	青	苔	上。

送元二使安西

〔唐〕王 维

		wèi	chéng	zhāo	yǔ	yì	qīng	chén	kè	shè	qīng
		渭	城	朝	雨	浥	轻	尘,	客	舍	青
qīng	liǔ	sè	xīn	quàn	jūn	gèng	jìn	yì	bēi	jiǔ	xī
青	柳	色	新。	劝	君	更	尽	一	杯	酒,	西
chū	yáng	guān	wú	gù	rén						
出	阳	关	无	故	人。						

难字练习	寒			壶			浥		

鸟鸣涧

〔唐〕王 维

rén	xián	guì	huā	luò	yè	jìng	chūn	shān	kōng
人	闲	桂	花	落，	夜	静	春	山	空。
yuè	chū	jīng	shān	niǎo	shí	míng	chūn	jiàn	zhōng
月	出	惊	山	鸟，	时	鸣	春	涧	中。

过故人庄

〔唐〕孟浩然

gù	rén	jù	jī	shǔ	yāo	wǒ	zhì	tián	jiā
故	人	具	鸡	黍，	邀	我	至	田	家。
lǜ	shù	cūn	biān	hé	qīng	shān	guō	wài	xié
绿	树	村	边	合，	青	山	郭	外	斜。
kāi	xuān	miàn	cháng	pǔ	bǎ	jiǔ	huà	sāng	má
开	轩	面	场	圃，	把	酒	话	桑	麻。
dài	dào	chóng	yáng	rì	huán	lái	jiù	jú	huā
待	到	重	阳	日，	还	来	就	菊	花。

暮江吟

〔唐〕白居易

		yí	dào	cán	yáng	pū	shuǐ	zhōng	bàn	jiāng	sè
		一	道	残	阳	铺	水	中，	半	江	瑟
sè	bàn	jiāng	hóng	kě	lián	jiǔ	yuè	chū	sān	yè	lù
瑟	半	江	红。	可	怜	九	月	初	三	夜，	露
sì	zhēn	zhū	yuè	sì	gōng						
似	真	珠	月	似	弓。						

🔊 九月九日忆山东兄弟

〔唐〕王 维

		dú 独	zài 在	yì 异	xiāng 乡	wéi 为	yì 异	kè 客，	měi 每	féng 逢	jiā 佳
jié 节	bèi 倍	sī 思	qīn 亲。	yáo 遥	zhī 知	xiōng 兄	dì 弟	dēng 登	gāo 高	chù 处，	biàn 遍
chā 插	zhū 茱	yú 萸	shǎo 少	yì 一	rén 人。						

🔊 静夜思

〔唐〕李 白

	chuáng 床	qián 前	míng 明	yuè 月	guāng 光，	yí 疑	shì 是	dì 地	shàng 上	shuāng 霜。	
	jǔ 举	tóu 头	wàng 望	míng 明	yuè 月	dī 低	tóu 头	sī 思	gù 故	xiāng 乡。	

🔊 古朗月行(节选)

〔唐〕李 白

	xiǎo 小	shí 时	bù 不	shí 识	yuè 月，	hū 呼	zuò 作	bái 白	yù 玉	pán 盘。	
	yòu 又	yí 疑	yáo 瑶	tái 台	jìng 镜，	fēi 飞	zài 在	qīng 青	yún 云	duān 端。	
	xiān 仙	rén 人	chuí 垂	liǎng 两	zú 足，	guì 桂	shù 树	hé 何	tuán 团	tuán 团。	
	bái 白	tù 兔	dǎo 捣	yào 药	chéng 成，	wèn 问	yán 言	yǔ 与	shuí 谁	cān 餐？	

迢迢牵牛星

《古诗十九首》

tiáo	tiáo	qiān	niú	xīng	jiǎo	jiǎo	hé	hàn	nǚ
迢	迢	牵	牛	星，	皎	皎	河	汉	女。
xiān	xiān	zhuó	sù	shǒu	zhá	zhá	nòng	jī	zhù
纤	纤	擢	素	手，	札	札	弄	机	杼。
zhōng	rì	bù	chéng	zhāng	qì	tì	líng	rú	yǔ
终	日	不	成	章，	泣	涕	零	如	雨。
hé	hàn	qīng	qiě	qiǎn	xiāng	qù	fù	jǐ	xǔ
河	汉	清	且	浅，	相	去	复	几	许。
yíng	yíng	yì	shuǐ	jiān	mò	mò	bù	dé	yǔ
盈	盈	一	水	间，	脉	脉	不	得	语。

观书有感（其二）

〔宋〕朱 熹

		zuó	yè	jiāng	biān	chūn	shuǐ	shēng	méng	chōng	jù
		昨	夜	江	边	春	水	生，	蒙	冲	巨
jiàn	yì	máo	qīng	xiàng	lái	wǎng	fèi	tuī	yí	lì	cǐ
舰	一	毛	轻。	向	来	枉	费	推	移	力，	此
rì	zhōng	liú	zì	zài	xíng						
日	中	流	自	在	行。						

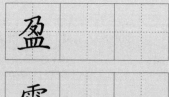

难字练习

擢				盈				皎			
涕				零				舰			

望庐山瀑布

〔唐〕李 白

		rì 日	zhào 照	xiāng 香	lú 炉	shēng 生	zǐ 紫	yān 烟	yáo 遥	kàn 看	pù 瀑
bù 布	guà 挂	qián 前	chuān 川	fēi 飞	liú 流	zhí 直	xià 下	sān 三	qiān 千	chǐ 尺	yí 疑
shì 是	yín 银	hé 河	luò 落	jiǔ 九	tiān 天						

赠汪伦

〔唐〕李 白

		lǐ 李	bái 白	chéng 乘	zhōu 舟	jiāng 将	yù 欲	xíng 行	hū 忽	wén 闻	àn 岸
shàng 上	tà 踏	gē 歌	shēng 声	táo 桃	huā 花	tán 潭	shuǐ 水	shēn 深	qiān 千	chǐ 尺	bù 不
jí 及	wāng 汪	lún 伦	sòng 送	wǒ 我	qíng 情						

黄鹤楼送孟浩然之广陵

〔唐〕李 白

		gù 故	rén 人	xī 西	cí 辞	huáng 黄	hè 鹤	lóu 楼	yān 烟	huā 花	sān 三
yuè 月	xià 下	yáng 扬	zhōu 州	gū 孤	fān 帆	yuǎn 远	yǐng 影	bì 碧	kōng 空	jìn 尽	wéi 唯
jiàn 见	cháng 长	jiāng 江	tiān 天	jì 际	liú 流						

乞巧

〔唐〕林 杰

		qī	xī	jīn	xiāo	kàn	bì	xiāo	qiān	niú	zhī
		七	夕	今	宵	看	碧	霄，	牵	牛	织
nǚ	dù	hé	qiáo	jiā	jiā	qǐ	qiǎo	wàng	qiū	yuè	chuān
女	渡	河	桥	家	家。	乞	巧	望	秋	月，	穿
jìn	hóng	sī	jǐ	wàn	tiáo						
尽	红	丝	几	万	条。						

山居秋暝

〔唐〕王 维

kōng	shān	xīn	yǔ	hòu	tiān	qì	wǎn	lái	qiū
空	山	新	雨	后，	天	气	晚	来	秋。
míng	yuè	sōng	jiān	zhào	qīng	quán	shí	shàng	liú
明	月	松	间	照，	清	泉	石	上	流。
zhú	xuān	guī	huàn	nǚ	lián	dòng	xià	yú	zhōu
竹	喧	归	浣	女，	莲	动	下	渔	舟。
suí	yì	chūn	fāng	xiē	wáng	sūn	zì	kě	liú
随	意	春	芳	歇，	王	孙	自	可	留。

画

yuǎn	kàn	shān	yǒu	sè	jìn	tīng	shuǐ	wú	shēng
远	看	山	有	色，	近	听	水	无	声。
chūn	qù	huā	hái	zài	rén	lái	niǎo	bù	jīng
春	去	花	还	在，	人	来	鸟	不	惊。

🔊 早发白帝城

〔唐〕李 白

			zhāo	cí	bái	dì	cǎi	yún	jiān	qiān	lǐ	jiāng
			朝	辞	白	帝	彩	云	间，	千	里	江
líng	yí	rì	huán	liǎng	àn	yuán	shēng	tí	bú	zhù	qīng	
陵	一	日	还。	两	岸	猿	声	啼	不	住，	轻	
zhōu	yǐ	guò	wàn	chóng	shān							
舟	已	过	万	重	山。							

🔊 望天门山

〔唐〕李 白

			tiān	mén	zhōng	duàn	chǔ	jiāng	kāi	bì	shuǐ	dōng
			天	门	中	断	楚	江	开，	碧	水	东
liú	zhì	cǐ	huí	liǎng	àn	qīng	shān	xiāng	duì	chū	gū	
流	至	此	回。	两	岸	青	山	相	对	出，	孤	
fān	yí	piàn	rì	biān	lái							
帆	一	片	日	边	来。							

🔊 别董大

〔唐〕高 适

			qiān	lǐ	huáng	yún	bái	rì	xūn	běi	fēng	chuī
			千	里	黄	云	白	日	曛，	北	风	吹
yàn	xuě	fēn	fēn	mò	chóu	qián	lù	wú	zhī	jǐ	tiān	
雁	雪	纷	纷。	莫	愁	前	路	无	知	己，	天	
xià	shuí	rén	bù	shí	jūn							
下	谁	人	不	识	君？							

🔊 大林寺桃花

〔唐〕白居易

		rén	jiān	sì	yuè	fāng	fēi	jìn	shān	sì	táo
		人	间	四	月	芳	菲	尽	山	寺	桃
huā	shǐ	shèng	kāi	cháng	hèn	chūn	guī	wú	mì	chù	bù
花	始	盛	开	长	恨	春	归	无	觅	处	不
zhī	zhuǎn	rù	cǐ	zhōng	lái						
知	转	入	此	中	来						

🔊 雪 梅

〔宋〕卢 钺

		méi	xuě	zhēng	chūn	wèi	kěn	xiáng	sāo	rén	gē
		梅	雪	争	春	未	肯	降	骚	人	阁
bǐ	fèi	píng	zhāng	méi	xū	xùn	xuě	sān	fēn	bái	xuě
笔	费	评	章	梅	须	逊	雪	三	分	白	雪
què	shū	méi	yí	duàn	xiāng						
却	输	梅	一	段	香						

🔊 嫦 娥

〔唐〕李商隐

		yún	mǔ	píng	fēng	zhú	yǐng	shēn	cháng	hé	jiàn
		云	母	屏	风	烛	影	深	长	河	渐
luò	xiǎo	xīng	chén	cháng	é	yīng	huǐ	tōu	líng	yào	bì
落	晓	星	沉	嫦	娥	应	悔	偷	灵	药	碧
hǎi	qīng	tiān	yè	yè	xīn						
海	青	天	夜	夜	心						

🔊 绝 句

〔唐〕杜 甫

		liǎng	gè	huáng	lí	míng	cuì	liǔ	yì	háng	bái
		两	个	黄	鹂	鸣	翠	柳,	一	行	白
lù	shàng	qīng	tiān	chuāng	hán	xī	lǐng	qiān	qiū	xuě	mén
鹭	上	青	天。	窗	含	西	岭	千	秋	雪,	门
bó	dōng	wú	wàn	lǐ	chuán						
泊	东	吴	万	里	船。						

🔊 春夜喜雨

〔唐〕杜 甫

hǎo	yǔ	zhī	shí	jié	dāng	chūn	nǎi	fā	shēng
好	雨	知	时	节,	当	春	乃	发	生。
suí	fēng	qián	rù	yè	rùn	wù	xì	wú	shēng
随	风	潜	入	夜,	润	物	细	无	声。
yě	jìng	yún	jù	hēi	jiāng	chuán	huǒ	dú	míng
野	径	云	俱	黑,	江	船	火	独	明。
xiǎo	kàn	hóng	shī	chù	huā	zhòng	jǐn	guān	chéng
晓	看	红	湿	处,	花	重	锦	官	城。

🔊 绝 句

〔唐〕杜 甫

chí	rì	jiāng	shān	lì	chūn	fēng	huā	cǎo	xiāng
迟	日	江	山	丽,	春	风	花	草	香。
ní	róng	fēi	yàn	zǐ	shā	nuǎn	shuì	yuān	yāng
泥	融	飞	燕	子,	沙	暖	睡	鸳	鸯。

赠刘景文

〔宋〕苏 轼

		hé	jìn	yǐ	wú	qíng	yǔ	gài	jú	cán	yóu
		荷	尽	已	无	擎	雨	盖，	菊	残	犹
yǒu	ào	shuāng	zhī	yì	nián	hǎo	jǐng	jūn	xū	jì	zuì
有	傲	霜	枝。	一	年	好	景	君	须	记，	最
shì	chéng	huáng	jú	lù	shí						
是	橙	黄	橘	绿	时。						

夜书所见

〔宋〕叶绍翁

		xiāo	xiāo	wú	yè	sòng	hán	shēng	jiāng	shàng	qiū
		萧	萧	梧	叶	送	寒	声，	江	上	秋
fēng	dòng	kè	qíng	zhī	yǒu	ér	tóng	tiǎo	cù	zhī	yè
风	动	客	情。	知	有	儿	童	挑	促	织，	夜
shēn	lí	luò	yì	dēng	míng						
深	篱	落	一	灯	明。						

采莲曲

〔唐〕王昌龄

		hé	yè	luó	qún	yí	sè	cái	fú	róng	xiàng
		荷	叶	罗	裙	一	色	裁，	芙	蓉	向
liǎn	liǎng	biān	kāi	luàn	rù	chí	zhōng	kàn	bú	jiàn	wén
脸	两	边	开。	乱	入	池	中	看	不	见，	闻
gē	shǐ	jué	yǒu	rén	lái						
歌	始	觉	有	人	来。						

江畔独步寻花

〔唐〕杜甫

		huáng	shī	tǎ	qián	jiāng	shuǐ	dōng	chūn	guāng	lǎn
		黄	师	塔	前	江	水	东，	春	光	懒
kùn	yǐ	wēi	fēng	táo	huā	yí	cù	kāi	wú	zhǔ	kě
困	倚	微	风	桃	花	一	簇	开	无	主，	可
ài	shēn	hóng	ài	qiǎn	hóng						
爱	深	红	爱	浅	红？						

枫桥夜泊

〔唐〕张继

		yuè	luò	wū	tí	shuāng	mǎn	tiān	jiāng	fēng	yú
		月	落	乌	啼	霜	满	天，	江	枫	渔
huǒ	duì	chóu	mián	gū	sū	chéng	wài	hán	shān	sì	yè
火	对	愁	眠	姑	苏	城	外	寒	山	寺，	夜
bàn	zhōng	shēng	dào	kè	chuán						
半	钟	声	到	客	船。						

滁州西涧

〔唐〕韦应物

		dú	lián	yōu	cǎo	jiàn	biān	shēng	shàng	yǒu	huáng
		独	怜	幽	草	涧	边	生，	上	有	黄
lí	shēn	shù	míng	chūn	cháo	dài	yǔ	wǎn	lái	jí	yě
鹂	深	树	鸣	春	潮	带	雨	晚	来	急，	野
dù	wú	rén	zhōu	zì	héng						
渡	无	人	舟	自	横。						

🔊 画 鸡

〔明〕唐 寅

		tóu	shàng	hóng	guān	bú	yòng	cái	mǎn	shēn	xuě
		头	上	红	冠	不	用	裁，	满	身	雪
bái	zǒu	jiāng	lái	píng	shēng	bù	gǎn	qīng	yán	yǔ	yí
白	走	将	来。	平	生	不	敢	轻	言	语，	一
jiào	qiān	mén	wàn	hù	kāi						
叫	千	门	万	户	开。						

🔊 夜宿山寺

〔唐〕李 白

	wēi	lóu	gāo	bǎi	chǐ	shǒu	kě	zhāi	xīng	chén
	危	楼	高	百	尺，	手	可	摘	星	辰。
	bù	gǎn	gāo	shēng	yǔ	kǒng	jīng	tiān	shàng	rén
	不	敢	高	声	语，	恐	惊	天	上	人。

🔊 舟夜书所见

〔清〕查慎行

	yuè	hēi	jiàn	yú	dēng	gū	guāng	yì	diǎn	yíng
	月	黑	见	渔	灯，	孤	光	一	点	萤。
	wēi	wēi	fēng	cù	làng	sàn	zuò	mǎn	hé	xīng
	微	微	风	簇	浪，	散	作	满	河	星。

难字 练习	冠			满			敢		
	摘			恐			簇		

33

游子吟

〔唐〕孟 郊

	cí	mǔ	shǒu	zhōng	xiàn	yóu	zǐ	shēn	shàng	yī	
	慈	母	手	中	线，	游	子	身	上	衣。	
	lín	xíng	mì	mì	féng	yì	kǒng	chí	chí	guī	
	临	行	密	密	缝，	意	恐	迟	迟	归。	
	shuí	yán	cùn	cǎo	xīn	bào	dé	sān	chūn	huī	
	谁	言	寸	草	心，	报	得	三	春	晖。	

早春呈水部张十八员外

〔唐〕韩 愈

		tiān	jiē	xiǎo	yǔ	rùn	rú	sū	cǎo	sè	yáo
		天	街	小	雨	润	如	酥，	草	色	遥
kàn	jìn	què	wú	zuì	shì	yì	nián	chūn	hǎo	chù	jué
看	近	却	无。	最	是	一	年	春	好	处，	绝
shèng	yān	liǔ	mǎn	huáng	dū						
胜	烟	柳	满	皇	都。						

渔歌子

〔唐〕张志和

		xī	sài	shān	qián	bái	lù	fēi	táo	huā	liú
		西	塞	山	前	白	鹭	飞，	桃	花	流
shuǐ	guì	yú	féi	qīng	ruò	lì	lǜ	suō	yī	xié	fēng
水	鳜	鱼	肥。	青	箬	笠，	绿	蓑	衣，	斜	风
xì	yǔ	bù	xū	guī							
细	雨	不	须	归。							

菩萨蛮·书江西造口壁

〔宋〕辛弃疾

		郁 yù	孤 gū	台 tái	下 xià	清 qīng	江 jiāng	水 shuǐ	中 zhōng	间 jiān	多 duō
少 shǎo	行 xíng	人 rén	泪 lèi	西 xī	北 běi	望 wàng	长 cháng	安 ān	可 kě	怜 lián	无 wú
数 shù	山 shān			青 qīng	山 shān	遮 zhē	不 bú	住 zhù	毕 bì	竟 jìng	东 dōng
流 liú	去 qù	江 jiāng	晚 wǎn	正 zhèng	愁 chóu	余 yú	山 shān	深 shēn	闻 wén	鹧 zhè	鸪 gū

朝天子·咏喇叭

〔明〕王 磐

		喇 lǎ	叭 bā	唢 suǒ	呐 nà	曲 qǔ	儿 er	小 xiǎo	腔 qiāng	儿 er	大 dà
官 guān	船 chuán	来 lái	往 wǎng	乱 luàn	如 rú	麻 má	全 quán	仗 zhàng	你 nǐ	抬 tái	声 shēng
价 jià	军 jūn	听 tīng	了 le	军 jūn	愁 chóu	民 mín	听 tīng	了 le	民 mín	怕 pà	哪 nǎ
里 lǐ	去 qù	辨 biàn	甚 shén	么 me	真 zhēn	共 gòng	假 jiǎ	眼 yǎn	见 jiàn	的 de	吹 chuī
翻 fān	了 le	这 zhè	家 jiā	吹 chuī	伤 shāng	了 le	那 nà	家 jiā	只 zhǐ	吹 chuī	的 de
水 shuǐ	尽 jìn	鹅 é	飞 fēi	罢 bà							

32

🔊 塞下曲

〔唐〕卢　纶

		yuè	hēi	yàn	fēi	gāo	chán	yú	yè	dùn	táo	
		月	黑	雁	飞	高，	单	于	夜	遁	逃。	
		yù	jiāng	qīng	qí	zhú	dà	xuě	mǎn	gōng	dāo	
		欲	将	轻	骑	逐，	大	雪	满	弓	刀。	

🔊 望洞庭

〔唐〕刘禹锡

		hú	guāng	qiū	yuè	liǎng	xiāng	hé	tán	miàn	wú
		湖	光	秋	月	两	相	和，	潭	面	无
fēng	jìng	wèi	mó	yáo	wàng	dòng	tíng	shān	shuǐ	cuì	bái
风	镜	未	磨。	遥	望	洞	庭	山	水	翠，	白
yín	pán	lǐ	yì	qīng	luó						
银	盘	里	一	青	螺。						

🔊 浪淘沙（其一）

〔唐〕刘禹锡

		jiǔ	qū	huáng	hé	wàn	lǐ	shā	làng	táo	fēng
		九	曲	黄	河	万	里	沙，	浪	淘	风
bǒ	zì	tiān	yá	rú	jīn	zhí	shàng	yín	hé	qù	tóng
簸	自	天	涯。	如	今	直	上	银	河	去，	同
dào	qiān	niú	zhī	nǚ	jiā						
到	牵	牛	织	女	家。						

难字练习	雁				潭			簸		

商山早行

〔唐〕温庭筠

	chén	qǐ	dòng	zhēng	duó	kè	xíng	bēi	gù	xiāng	
	晨	起	动	征	铎	客	行	悲	故	乡	
	jī	shēng	máo	diàn	yuè	rén	jì	bǎn	qiáo	shuāng	
	鸡	声	茅	店	月	人	迹	板	桥	霜	
	hú	yè	luò	shān	lù	zhǐ	huā	míng	yì	qiáng	
	槲	叶	落	山	路	枳	花	明	驿	墙	
	yīn	sī	dù	líng	mèng	fú	yàn	mǎn	huí	táng	
	因	思	杜	陵	梦	凫	雁	满	回	塘	

乐游原

〔唐〕李商隐

	xiàng	wǎn	yì	bú	shì	qū	chē	dēng	gǔ	yuán	
	向	晚	意	不	适	驱	车	登	古	原	
	xī	yáng	wú	xiàn	hǎo	zhǐ	shì	jìn	huáng	hūn	
	夕	阳	无	限	好	只	是	近	黄	昏	

梅 花

〔宋〕王安石

	qiáng	jiǎo	shù	zhī	méi	líng	hán	dú	zì	kāi	
	墙	角	数	枝	梅	凌	寒	独	自	开	
	yáo	zhī	bú	shì	xuě	wèi	yǒu	àn	xiāng	lái	
	遥	知	不	是	雪	为	有	暗	香	来	

难字练习	晨			槲			雁		

赋得古原草送别

〔唐〕白居易

lí	lí	yuán	shàng	cǎo	yí	suì	yì	kū	róng
离	离	原	上	草	一	岁	一	枯	荣，
yě	huǒ	shāo	bú	jìn	chūn	fēng	chuī	yòu	shēng
野	火	烧	不	尽	春	风	吹	又	生。
yuǎn	fāng	qīn	gǔ	dào	qíng	cuì	jiē	huāng	chéng
远	芳	侵	古	道	晴	翠	接	荒	城。
yòu	sòng	wáng	sūn	qù	qī	qī	mǎn	bié	qíng
又	送	王	孙	去，	萋	萋	满	别	情。

池 上

〔唐〕白居易

	xiǎo	wá	chēng	xiǎo	tǐng	tōu	cǎi	bái	lián	huí
	小	娃	撑	小	艇，	偷	采	白	莲	回。
	bù	jiě	cáng	zōng	jì	fú	píng	yì	dào	kāi
	不	解	藏	踪	迹，	浮	萍	一	道	开。

忆江南

〔唐〕白居易

		jiāng	nán	hǎo	fēng	jǐng	jiù	céng	ān	rì	chū
		江	南	好	风	景	旧	曾	谙。	日	出
jiāng	huā	hóng	shèng	huǒ	chūn	lái	jiāng	shuǐ	lù	rú	lán
江	花	红	胜	火，	春	来	江	水	绿	如	蓝。
néng	bú	yì	jiāng	nán							
能	不	忆	江	南？							

竹枝词
〔唐〕刘禹锡

		yáng	liǔ	qīng	qīng	jiāng	shuǐ	píng	wén	láng	jiāng
		杨	柳	青	青	江	水	平，	闻	郎	江
shàng	chàng	gē	shēng	dōng	biān	rì	chū	xī	biān	yǔ	dào
上	唱	歌	声	东	边	日	出	西	边	雨，	道
shì	wú	qíng	què	yǒu	qíng						
是	无	晴	却	有	晴。						

乌衣巷
〔唐〕刘禹锡

		zhū	què	qiáo	biān	yě	cǎo	huā	wū	yī	xiàng
		朱	雀	桥	边	野	草	花，	乌	衣	巷
kǒu	xī	yáng	xié	jiù	shí	wáng	xiè	táng	qián	yàn	fēi
口	夕	阳	斜。	旧	时	王	谢	堂	前	燕，	飞
rù	xún	cháng	bǎi	xìng	jiā						
入	寻	常	百	姓	家。						

秋 夕
〔唐〕杜 牧

		yín	zhú	qiū	guāng	lěng	huà	píng	qīng	luó	xiǎo
		银	烛	秋	光	冷	画	屏，	轻	罗	小
shàn	pū	liú	yíng	tiān	jiē	yè	sè	liáng	rú	shuǐ	zuò
扇	扑	流	萤。	天	阶	夜	色	凉	如	水，	坐
kàn	qiān	niú	zhī	nǚ	xīng						
看	牵	牛	织	女	星。						

小儿垂钓

〔唐〕胡令能

		péng	tóu	zhì	zǐ	xué	chuí	lún	cè	zuò	méi
		蓬	头	稚	子	学	垂	纶	侧	坐	莓
tái	cǎo	yìng	shēn	lù	rén	jiè	wèn	yáo	zhāo	shǒu	pà
苔	草	映	身	路	人	借	问	遥	招	手	怕
dé	yú	jīng	bú	yìng	rén						
得	鱼	惊	不	应	人						

悯 农（其一）

〔唐〕李 绅

	chūn	zhòng	yí	lì	sù	qiū	shōu	wàn	kē	zǐ
	春	种	一	粒	粟	秋	收	万	颗	子
	sì	hǎi	wú	xián	tián	nóng	fū	yóu	è	sǐ
	四	海	无	闲	田	农	夫	犹	饿	死

悯 农（其二）

〔唐〕李 绅

	chú	hé	rì	dāng	wǔ	hàn	dī	hé	xià	tǔ
	锄	禾	日	当	午	汗	滴	禾	下	土
	shuí	zhī	pán	zhōng	cān	lì	lì	jiē	xīn	kǔ
	谁	知	盘	中	餐	粒	粒	皆	辛	苦

易错对比：蓬／篷　粟／栗　颗／棵

14

江南逢李龟年

〔唐〕杜 甫

			qí	wáng	zhái	lǐ	xún	cháng	jiàn	cuī	jiǔ	táng
			岐	王	宅	里	寻	常	见，	崔	九	堂
qián	jǐ	dù	wén	zhèng	shì	jiāng	nán	hǎo	fēng	jǐng	luò	
前	几	度	闻。	正	是	江	南	好	风	景，	落	
huā	shí	jié	yòu	féng	jūn							
花	时	节	又	逢	君。							

逢雪宿芙蓉山主人

〔唐〕刘长卿

			rì	mù	cāng	shān	yuǎn	tiān	hán	bái	wū	pín
			日	暮	苍	山	远，	天	寒	白	屋	贫。
			chái	mén	wén	quǎn	fèi	fēng	xuě	yè	guī	rén
			柴	门	闻	犬	吠，	风	雪	夜	归	人。

寒 食

〔唐〕韩 翃

			chūn	chéng	wú	chù	bù	fēi	huā	hán	shí	dōng
			春	城	无	处	不	飞	花，	寒	食	东
fēng	yù	liǔ	xié	rì	mù	hàn	gōng	chuán	là	zhú	qīng	
风	御	柳	斜。	日	暮	汉	宫	传	蜡	烛，	轻	
yān	sàn	rù	wǔ	hóu	jiā							
烟	散	入	五	侯	家。							

难字练习	崔				逢			御		

🔊 江 雪

〔唐〕柳宗元

	qiān	shān	niǎo	fēi	jué	wàn	jìng	rén	zōng	miè
	千	山	鸟	飞	绝，	万	径	人	踪	灭。
	gū	zhōu	suō	lì	wēng	dú	diào	hán	jiāng	xuě
	孤	舟	蓑	笠	翁，	独	钓	寒	江	雪。

🔊 寻隐者不遇

〔唐〕贾 岛

	sōng	xià	wèn	tóng	zǐ	yán	shī	cǎi	yào	qù
	松	下	问	童	子，	言	师	采	药	去。
	zhǐ	zài	cǐ	shān	zhōng	yún	shēn	bù	zhī	chù
	只	在	此	山	中，	云	深	不	知	处。

🔊 山 行

〔唐〕杜 牧

		yuǎn	shàng	hán	shān	shí	jìng	xié	bái	yún	shēng
		远	上	寒	山	石	径	斜，	白	云	生
chù	yǒu	rén	jiā	tíng	chē	zuò	ài	fēng	lín	wǎn	shuāng
处	有	人	家。	停	车	坐	爱	枫	林	晚，	霜
yè	hóng	yú	èr	yuè	huā						
叶	红	于	二	月	花。						

难字 练习

踪			蓑			翁		
斜			枫			霜		

赠花卿

〔唐〕杜 甫

			jǐn	chéng	sī	guǎn	rì	fēn	fēn	bàn	rù	jiāng
			锦	城	丝	管	日	纷	纷,	半	入	江
fēng	bàn	rù	yún	cǐ	qǔ	zhǐ	yīng	tiān	shàng	yǒu	rén	
风	半	入	云。	此	曲	只	应	天	上	有	人,	
jiān	néng	dé	jǐ	huí	wén							
间	能	得	几	回	闻?							

闻官军收河南河北

〔唐〕杜 甫

			jiàn	wài	hū	chuán	shōu	jì	běi	chū	wén	tì
			剑	外	忽	传	收	蓟	北,	初	闻	涕
lèi	mǎn	yī	cháng	què	kàn	qī	zǐ	chóu	hé	zài	màn	
泪	满	衣	裳。	却	看	妻	子	愁	何	在,	漫	
juǎn	shī	shū	xǐ	yù	kuáng	bái	rì	fàng	gē	xū	zòng	
卷	诗	书	喜	欲	狂。	白	日	放	歌	须	纵	
jiǔ	qīng	chūn	zuò	bàn	hǎo	huán	xiāng	jí	cóng	bā	xiá	
酒,	青	春	作	伴	好	还	乡。	即	从	巴	峡	
chuān	wū	xiá	biàn	xià	xiāng	yáng	xiàng	luò	yáng			
穿	巫	峡,	便	下	襄	阳	向	洛	阳。			

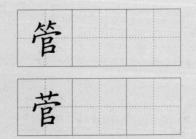

易错对比	锦	管	襄
	绵	菅	囊

🔊 清 明

〔唐〕杜 牧

		qīng	míng	shí	jié	yǔ	fēn	fēn	lù	shàng	xíng
		清	明	时	节	雨	纷	纷，	路	上	行
rén	yù	duàn	hún	jiè	wèn	jiǔ	jiā	hé	chù	yǒu	mù
人	欲	断	魂。	借	问	酒	家	何	处	有？	牧
tóng	yáo	zhǐ	xìng	huā	cūn						
童	遥	指	杏	花	村。						

🔊 江南春

〔唐〕杜 牧

		qiān	lǐ	yīng	tí	lù	yìng	hóng	shuǐ	cūn	shān
		千	里	莺	啼	绿	映	红，	水	村	山
guō	jiǔ	qí	fēng	nán	cháo	sì	bǎi	bā	shí	sì	duō
郭	酒	旗	风。	南	朝	四	百	八	十	寺，	多
shǎo	lóu	tái	yān	yǔ	zhōng						
少	楼	台	烟	雨	中。						

🔊 蜂

〔唐〕罗 隐

		bú	lùn	píng	dì	yǔ	shān	jiān	wú	xiàn	fēng
		不	论	平	地	与	山	尖，	无	限	风
guāng	jìn	bèi	zhàn	cǎi	dé	bǎi	huā	chéng	mì	hòu	wèi
光	尽	被	占。	采	得	百	花	成	蜜	后，	为
shuí	xīn	kǔ	wèi	shuí	tián						
谁	辛	苦	为	谁	甜？						

从军行

〔唐〕王昌龄

		qīng	hǎi	cháng	yún	àn	xuě	shān	gū	chéng	yáo
		青	海	长	云	暗	雪	山，	孤	城	遥
wàng	yù	mén	guān	huáng	shā	bǎi	zhàn	chuān	jīn	jiǎ	bú
望	玉	门	关。	黄	沙	百	战	穿	金	甲，	不
pò	lóu	lán	zhōng	bù	huán						
破	楼	兰	终	不	还。						

独坐敬亭山

〔唐〕李 白

	zhòng	niǎo	gāo	fēi	jìn	gū	yún	dú	qù	xián
	众	鸟	高	飞	尽，	孤	云	独	去	闲。
	xiāng	kàn	liǎng	bú	yàn	zhǐ	yǒu	jìng	tíng	shān
	相	看	两	不	厌，	只	有	敬	亭	山

秋浦歌

〔唐〕李 白

	bái	fà	sān	qiān	zhàng	yuán	chóu	sì	gè	cháng
	白	发	三	千	丈，	缘	愁	似	个	长。
	bù	zhī	míng	jìng	lǐ	hé	chù	dé	qiū	shuāng
	不	知	明	镜	里，	何	处	得	秋	霜。

难字练习

海			孤			遥		
敬			镜			霜		

江上渔者

〔宋〕范仲淹

	jiāng	shàng	wǎng	lái	rén	dàn	ài	lú	yú	měi
	江	上	往	来	人，	但	爱	鲈	鱼	美。
	jūn	kàn	yí	yè	zhōu	chū	mò	fēng	bō	lǐ
	君	看	一	叶	舟，	出	没	风	波	里。

元 日

〔宋〕王安石

	bào	zhú	shēng	zhōng	yí	suì	chú	chūn	fēng	sòng
	爆	竹	声	中	一	岁	除，	春	风	送
nuǎn	rù	tú	sū	qiān	mén	wàn	hù	tóng	tóng	rì	zǒng
暖	入	屠	苏。	千	门	万	户	曈	曈	日，	总
bǎ	xīn	táo	huàn	jiù	fú					
把	新	桃	换	旧	符。					

泊船瓜洲

〔宋〕王安石

		jīng	kǒu	guā	zhōu	yì	shuǐ	jiān	zhōng	shān	zhǐ
		京	口	瓜	洲	一	水	间，	钟	山	只
gé	shù	chóng	shān	chūn	fēng	yòu	lǜ	jiāng	nán	àn	míng
隔	数	重	山。	春	风	又	绿	江	南	岸，	明
yuè	hé	shí	zhào	wǒ	huán						
月	何	时	照	我	还。						

难字练习	鲈		屠		曈	

🔊 七步诗

〔三国·魏〕曹 植

	zhǔ	dòu	chí	zuò	gēng	lù	shū	yǐ	wéi	zhī	
	煮	豆	持	作	羹，	漉	菽	以	为	汁。	
	qí	zài	fǔ	xià	rán	dòu	zài	fǔ	zhōng	qì	
	萁	在	釜	下	燃，	豆	在	釜	中	泣。	
	běn	shì	tóng	gēn	shēng	xiāng	jiān	hé	tài	jí	
	本	是	同	根	生，	相	煎	何	太	急？	

🔊 宿建德江

〔唐〕孟浩然

	yí	zhōu	bó	yān	zhǔ	rì	mù	kè	chóu	xīn	
	移	舟	泊	烟	渚，	日	暮	客	愁	新。	
	yě	kuàng	tiān	dī	shù	jiāng	qīng	yuè	jìn	rén	
	野	旷	天	低	树，	江	清	月	近	人。	

🔊 竹里馆

〔唐〕王 维

	dú	zuò	yōu	huáng	lǐ	tán	qín	fù	cháng	xiào	
	独	坐	幽	篁	里，	弹	琴	复	长	啸。	
	shēn	lín	rén	bù	zhī	míng	yuè	lái	xiāng	zhào	
	深	林	人	不	知，	明	月	来	相	照。	

易错对比

羹				萁				釜		
姜				箕				斧		

26

书湖阴先生壁

〔宋〕王安石

		máo 茅	yán 檐	cháng 长	sǎo 扫	jìng 净	wú 无	tái 苔	huā 花	mù 木	chéng 成
qí 畦	shǒu 手	zì 自	zāi 栽	yì 一	shuǐ 水	hù 护	tián 田	jiāng 将	lǜ 绿	rào 绕	liǎng 两
shān 山	pái 排	tà 闼	sòng 送	qīng 青	lái 来						

六月二十七日望湖楼醉书

〔宋〕苏 轼

		hēi 黑	yún 云	fān 翻	mò 墨	wèi 未	zhē 遮	shān 山	bái 白	yǔ 雨	tiào 跳
zhū 珠	luàn 乱	rù 入	chuán 船	juǎn 卷	dì 地	fēng 风	lái 来	hū 忽	chuī 吹	sàn 散	wàng 望
hú 湖	lóu 楼	xià 下	shuǐ 水	rú 如	tiān 天						

饮湖上初晴后雨

〔宋〕苏 轼

		shuǐ 水	guāng 光	liàn 潋	yàn 滟	qíng 晴	fāng 方	hǎo 好	shān 山	sè 色	kōng 空
méng 蒙	yǔ 雨	yì 亦	qí 奇	yù 欲	bǎ 把	xī 西	hú 湖	bǐ 比	xī 西	zǐ 子	dàn 淡
zhuāng 妆	nóng 浓	mǒ 抹	zǒng 总	xiāng 相	yí 宜						

所见

〔清〕袁枚

	mù	tóng	qí	huáng	niú	gē	shēng	zhèn	lín	yuè	
	牧	童	骑	黄	牛	歌	声	振	林	樾。	
	yì	yù	bǔ	míng	chán	hū	rán	bì	kǒu	lì	
	意	欲	捕	鸣	蝉	忽	然	闭	口	立。	

村居

〔清〕高鼎

	cǎo	zhǎng	yīng	fēi	èr	yuè	tiān	fú	dī	yáng	
	草	长	莺	飞	二	月	天,	拂	堤	杨	
liǔ	zuì	chūn	yān	ér	tóng	sàn	xué	guī	lái	zǎo	máng
柳	醉	春	烟。	儿	童	散	学	归	来	早,	忙
chèn	dōng	fēng	fàng	zhǐ	yuān						
趁	东	风	放	纸	鸢。						

己亥杂诗

〔清〕龚自珍

		jiǔ	zhōu	shēng	qì	shì	fēng	léi	wàn	mǎ	qí
		九	州	生	气	恃	风	雷,	万	马	齐
yīn	jiū	kě	āi	wǒ	quàn	tiān	gōng	chóng	dǒu	sǒu	bù
喑	究	可	哀。	我	劝	天	公	重	抖	擞,	不
jū	yì	gé	jiàng	rén	cái						
拘	一	格	降	人	材。						

难字练习	樾			莺			擞		

🔊 惠崇春江晚景

〔宋〕苏 轼

		zhú	wài	táo	huā	sān	liǎng	zhī	chūn	jiāng	shuǐ
		竹	外	桃	花	三	两	枝，	春	江	水
nuǎn	yā	xiān	zhī	lóu	hāo	mǎn	dì	lú	yá	duǎn	zhèng
暖	鸭	先	知。	蒌	蒿	满	地	芦	芽	短，	正
shì	hé	tún	yù	shàng	shí						
是	河	豚	欲	上	时。						

🔊 题西林壁

〔宋〕苏 轼

		héng	kàn	chéng	lǐng	cè	chéng	fēng	yuǎn	jìn	gāo
		横	看	成	岭	侧	成	峰，	远	近	高
dī	gè	bù	tóng	bù	shí	lú	shān	zhēn	miàn	mù	zhǐ
低	各	不	同。	不	识	庐	山	真	面	目，	只
yuán	shēn	zài	cǐ	shān	zhōng						
缘	身	在	此	山	中。						

🔊 夏日绝句

〔宋〕李清照

	shēng	dāng	zuò	rén	jié	sǐ	yì	wéi	guǐ	xióng
	生	当	作	人	杰，	死	亦	为	鬼	雄。
	zhì	jīn	sī	xiàng	yǔ	bù	kěn	guò	jiāng	dōng
	至	今	思	项	羽，	不	肯	过	江	东。

难字练习	暖			蒌			缘		

墨 梅

〔元〕王 冕

		wǒ	jiā	xǐ	yàn	chí	tóu	shù	duǒ	duǒ	huā
		我	家	洗	砚	池	头	树，	朵	朵	花
kāi	dàn	mò	hén	bú	yào	rén	kuā	yán	sè	hǎo	zhǐ
开	淡	墨	痕。	不	要	人	夸	颜	色	好，	只
liú	qīng	qì	mǎn	qián	kūn						
留	清	气	满	乾	坤。						

石灰吟

〔明〕于 谦

		qiān	chuí	wàn	záo	chū	shēn	shān	liè	huǒ	fén
		千	锤	万	凿	出	深	山，	烈	火	焚
shāo	ruò	děng	xián	fěn	gǔ	suì	shēn	hún	bú	pà	yào
烧	若	等	闲。	粉	骨	碎	身	浑	不	怕，	要
liú	qīng	bái	zài	rén	jiān						
留	清	白	在	人	间。						

竹 石

〔清〕郑 燮

		yǎo	dìng	qīng	shān	bú	fàng	sōng	lì	gēn	yuán
		咬	定	青	山	不	放	松，	立	根	原
zài	pò	yán	zhōng	qiān	mó	wàn	jī	hái	jiān	jìng	rèn
在	破	岩	中。	千	磨	万	击	还	坚	劲，	任
ěr	dōng	xī	nán	běi	fēng						
尔	东	西	南	北	风。						

三衢道中

〔宋〕曾 几

		méi	zǐ	huáng	shí	rì	rì	qíng	xiǎo	xī	fàn
		梅	子	黄	时	日	日	晴，	小	溪	泛
jìn	què	shān	xíng	lù	yīn	bù	jiǎn	lái	shí	lù	tiān
尽	却	山	行	绿	阴	不	减	来	时	路，	添
dé	huáng	lí	sì	wǔ	shēng						
得	黄	鹂	四	五	声。						

示 儿

〔宋〕陆 游

		sǐ	qù	yuán	zhī	wàn	shì	kōng	dàn	bēi	bú
		死	去	元	知	万	事	空，	但	悲	不
jiàn	jiǔ	zhōu	tóng	wáng	shī	běi	dìng	zhōng	yuán	rì	jiā
见	九	州	同。	王	师	北	定	中	原	日，	家
jì	wú	wàng	gào	nǎi	wēng						
祭	无	忘	告	乃	翁。						

秋夜将晓出篱门迎凉有感

〔宋〕陆 游

		sān	wàn	lǐ	hé	dōng	rù	hǎi	wǔ	qiān	rèn
		三	万	里	河	东	入	海，	五	千	仞
yuè	shàng	mó	tiān	yí	mín	lèi	jìn	hú	chén	lǐ	nán
岳	上	摩	天。	遗	民	泪	尽	胡	尘	里，	南
wàng	wáng	shī	yòu	yì	nián						
望	王	师	又	一	年。						

题临安邸

〔宋〕林 升

		shān	wài	qīng	shān	lóu	wài	lóu	xī	hú	gē
		山	外	青	山	楼	外	楼，	西	湖	歌
wǔ	jǐ	shí	xiū	nuǎn	fēng	xūn	dé	yóu	rén	zuì	zhí
舞	几	时	休？	暖	风	熏	得	游	人	醉，	直
bǎ	háng	zhōu	zuò	biàn	zhōu						
把	杭	州	作	汴	州。						

游园不值

〔宋〕叶绍翁

		yīng	lián	jī	chǐ	yìn	cāng	tái	xiǎo	kòu	chái
		应	怜	屐	齿	印	苍	苔，	小	扣	柴
fēi	jiǔ	bù	kāi	chūn	sè	mǎn	yuán	guān	bú	zhù	yì
扉	久	不	开。	春	色	满	园	关	不	住，	一
zhī	hóng	xìng	chū	qiáng	lái						
枝	红	杏	出	墙	来。						

乡村四月

〔宋〕翁 卷

		lù	biàn	shān	yuán	bái	mǎn	chuān	zǐ	guī	shēng
		绿	遍	山	原	白	满	川，	子	规	声
lǐ	yǔ	rú	yān	xiāng	cūn	sì	yuè	xián	rén	shǎo	cái
里	雨	如	烟	乡	村	四	月	闲	人	少，	才
liǎo	cán	sāng	yòu	chā	tián						
了	蚕	桑	又	插	田。						

四时田园杂兴(其三十一)

〔宋〕范成大

		zhòu	chū	yún	tián	yè	jì	má	cūn	zhuāng	ér
		昼	出	耘	田	夜	绩	麻，	村	庄	儿
nǚ	gè	dāng	jiā	tóng	sūn	wèi	jiě	gòng	gēng	zhī	yě
女	各	当	家。	童	孙	未	解	供	耕	织，	也
bàng	sāng	yīn	xué	zhòng	guā						
傍	桑	阴	学	种	瓜。						

四时田园杂兴(其二十五)

〔宋〕范成大

		méi	zǐ	jīn	huáng	xìng	zǐ	féi	mài	huā	xuě
		梅	子	金	黄	杏	子	肥，	麦	花	雪
bái	cài	huā	xī	rì	cháng	lí	luò	wú	rén	guò	wéi
白	菜	花	稀。	日	长	篱	落	无	人	过，	惟
yǒu	qīng	tíng	jiá	dié	fēi						
有	蜻	蜓	蛱	蝶	飞。						

小池

〔宋〕杨万里

		quán	yǎn	wú	shēng	xī	xì	liú	shù	yīn	zhào
		泉	眼	无	声	惜	细	流，	树	阴	照
shuǐ	ài	qíng	róu	xiǎo	hé	cái	lù	jiān	jiān	jiǎo	zǎo
水	爱	晴	柔。	小	荷	才	露	尖	尖	角，	早
yǒu	qīng	tíng	lì	shàng	tóu						
有	蜻	蜓	立	上	头。						

🔊 晓出净慈寺送林子方
〔宋〕杨万里

		bì 毕	jìng 竟	xī 西	hú 湖	liù 六	yuè 月	zhōng 中	fēng 风	guāng 光	bù 不
yǔ 与	sì 四	shí 时	tóng 同	jiē 接	tiān 天	lián 莲	yè 叶	wú 无	qióng 穷	bì 碧	yìng 映
rì 日	hé 荷	huā 花	bié 别	yàng 样	hóng 红						

🔊 春 日
〔宋〕朱 熹

		shèng 胜	rì 日	xún 寻	fāng 芳	sì 泗	shuǐ 水	bīn 滨	wú 无	biān 边	guāng 光
jǐng 景	yì 一	shí 时	xīn 新	děng 等	xián 闲	shí 识	dé 得	dōng 东	fēng 风	miàn 面	wàn 万
zǐ 紫	qiān 千	hóng 红	zǒng 总	shì 是	chūn 春						

🔊 观书有感 (其一)
〔宋〕朱 熹

		bàn 半	mǔ 亩	fāng 方	táng 塘	yí 一	jiàn 鉴	kāi 开	tiān 天	guāng 光	yún 云
yǐng 影	gòng 共	pái 徘	huái 徊	wèn 问	qú 渠	nǎ 那	dé 得	qīng 清	rú 如	xǔ 许	wèi 为
yǒu 有	yuán 源	tóu 头	huó 活	shuǐ 水	lái 来						

泊船瓜洲

京口瓜洲一水间

钟山只隔数重山

春风又绿江南岸

明月何时照我还

宋王安石诗　周培纳书

梅花

墙角数枝梅

凌寒独自开

遥知不是雪

为有暗香来

宋王安石诗　周培纳书

静夜思

床前明月光

疑是地上霜

举头望明月

低头思故乡

唐李白诗　周培纳书

唐李白诗望庐山瀑布　周培纳书

日照香炉生紫烟
遥看瀑布挂前川
飞流直下三千尺
疑是银河落九天

唐李白诗早发白帝城　周培纳书

朝辞白帝彩云间
千里江陵一日还
两岸猿声啼不住
轻舟已过万重山

远看山有色近听水无声春去花还在人来鸟不惊

明镜里何处得秋霜

愁似个长不知

三千丈缘

白发

古诗二首 周培纳书

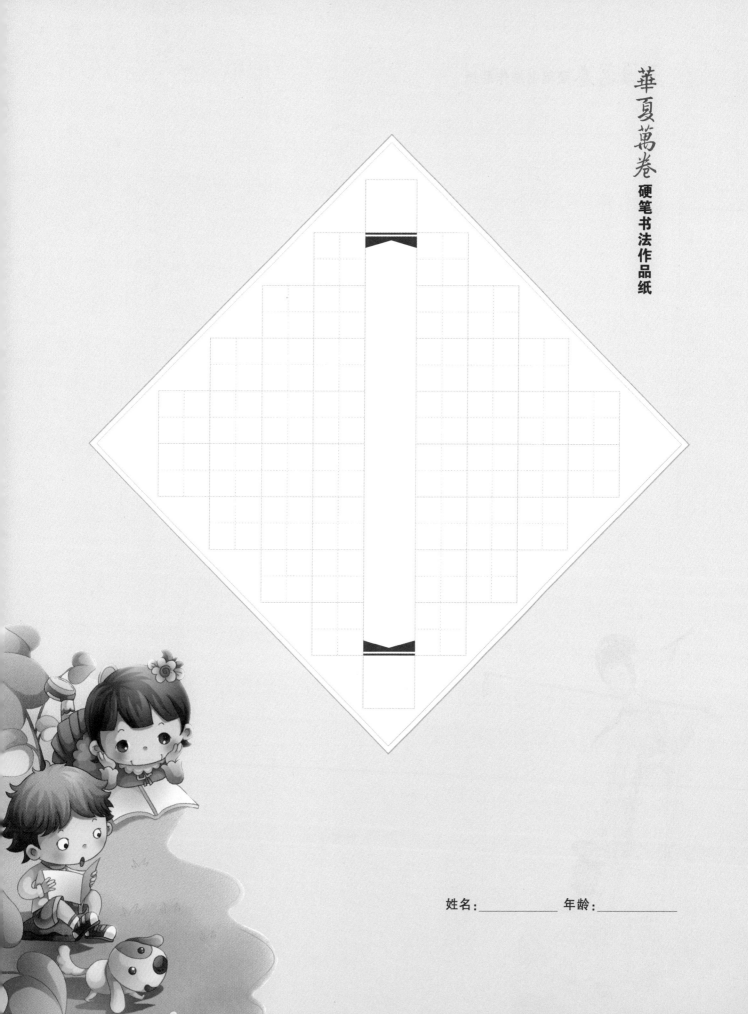

華夏萬卷 硬笔书法作品纸

姓名：_____ 年龄：_____

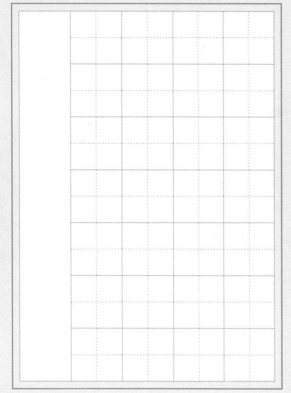

華夏萬卷 硬笔书法作品纸

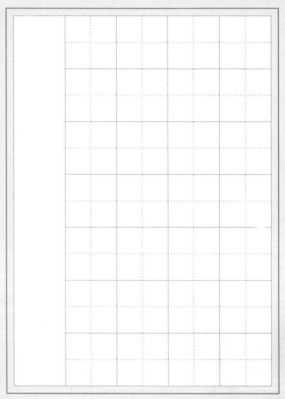

姓名:_____ 年龄:_____

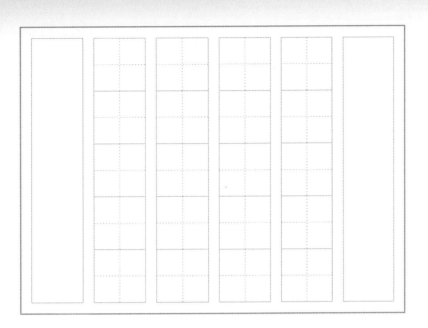

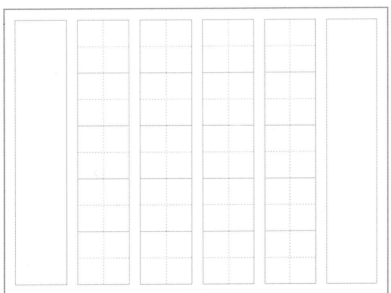

姓名:＿＿＿＿＿ 年龄:＿＿＿＿＿

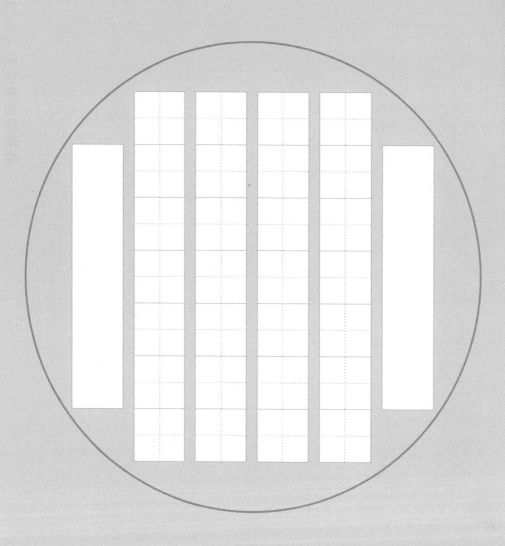

姓名：_____

年龄：_____